Disney

Bambi 2,
Le Prince de la forêt

ÉDITIONS FRANCE LOISIRS

Une Édition du Club France Loisirs, Paris, avec l'autorisation de Disney.
Éditions France Loisirs, 123, boulevard de Grenelle, Paris. www.franceloisirs.com
Ont collaboré à cet ouvrage: Mario Cortes pour le crayonné,
John Raymond pour l'encrage, Ivan Boix pour la mise en couleur,
et Véronique de Naurois pour le texte.

Maître Hibou secoue ses ailes couvertes de neige. Malgré la tempête, il vient proposer son aide au père de Bambi, le Grand Prince de la forêt. Apercevant le faon qui dort dans la tanière, il soupire :
– Pauvre Bambi, si jeune, et déjà sans sa maman !

Le Grand Prince a trop à faire pour élever son fils. Il faut que Maître Hibou trouve une biche qui s'en chargera à sa place dès le printemps. L'oiseau accepte à regret.
– Soit, mais ce serait mieux s'il restait avec vous ! confie-t-il avant de s'envoler.

Le Grand Prince a rejoint son fils dans la tanière. Il s'étend auprès de lui pour le protéger. Dehors, la tempête redouble de violence. Bambi ouvre un œil pour s'assurer de la présence de son père. Apaisé, il se pelotonne contre son flanc et se rendort.

Le lendemain matin, Bambi est réveillé par de fines gouttes de neige fondue qui lui tombent sur le nez. Une, puis deux, puis trois... Le faon éternue, s'ébroue et s'aperçoit soudain qu'il est seul dans le gîte. D'un bond, il se dresse sur ses pattes. Où est son père ? Pourquoi l'a-t-il laissé ?
Pris de panique, il se précipite au-dehors...

Sortant en trombe du gîte, Bambi heurte son père. Le faon tombe dans la neige.
– Euh, bonjour ! bredouille-t-il, embarrassé.
Son père le regarde, mécontent.
– Bambi, tu te lèves trop tard ! Un jeune prince doit se réveiller avant la forêt !

Le Grand Prince entraîne son fils sur un promontoire. Le faon découvre, ébloui, les daims qu'ils sont venus inspecter.

– Pourquoi ne s'approche-t-on pas ? demande-t-il.

– On repère mieux le danger de loin ! lui apprend son père.

Bambi aurait préféré aller s'amuser avec les faons qu'il aperçoit dans la plaine.
– Tu sais, maman disait que jouer, c'est bon pour le développement d'un jeune cerf et...
– Bambi, l'interrompt son père, oublie le passé. Un prince doit aller de l'avant !

En marchant, Bambi bute sur un animal enfoui dans la neige. Il soulève son sabot... et découvre son ami Pan-Pan !
– Mes sœurs me cherchent, lui souffle le lapin, en se cachant aussitôt derrière lui.
Au même instant, quatre petites lapines font irruption en riant.

Pan-Pan n’a pu échapper très longtemps à ses sœurs. Pris en faute, il doit affronter sa mère. Les bras croisés, elle attend des explications sur sa conduite.

– Eh bien, que t’a dit ton père ?

– Quand on joue en famille, on ne doit pas se séparer mais rester ensemble ! récite le petit lapin, l’air penaud.

Bambi aperçoit le Grand Prince qui l'attend. Il quitte aussitôt son ami.
– Tu ne vas pas me laisser avec les filles ! proteste Pan-Pan.
Les petites lapines harcèlent leur frère.
– Viens Pan-Pan, allons voir la marmotte ! disent-elles en chœur.

Le Grand Prince a repris sa route mais, très vite, il s'aperçoit que son fils a du mal à le suivre. Bambi dérape et tombe souvent.

– Tu ferais mieux d'aller voir la marmotte avec tes camarades ! lui conseille-t-il.

– Je veux rester avec toi ! insiste le faon.

Le Grand Prince a préféré continuer seul. Bambi file retrouver son ami Pan-Pan. Ensemble, ils vont réveiller Fleur, la mouffette, qui dort dans son terrier en ronflant.
– Allez, Fleur, debout, lève-toi ! s'écrie Pan-Pan en frappant le sol avec sa patte. Tu vas rater le Jour de la Marmotte !

Maître Hibou vérifie que tout le monde est bien là avant de réveiller la marmotte de son long sommeil d'hiver. Chacun retient son souffle car, si elle refuse de se lever, cela signifiera que le printemps n'est pas encore arrivé.

– Marmotte, c'est l'heure ! crie Maître Hibou.

Tandis que la marmotte se fait prier pour sortir de son trou, Bambi retrouve son amie Féline.

– Comme tu as changé ! s’exclame la jeune biche. J’ai bien failli ne pas te reconnaître !

– C’est que mes bois commencent à pousser ! répond Bambi en lui montrant fièrement sa tête.

– Ben, je ne vois rien, moi ! constate Pan-Pan avec malice.

La marmotte s'est enfin décidée. Elle fait ses premiers pas hors de son terrier en titubant. Les animaux l'encouragent.

– C'est bien la dernière année qu'on m'oblige à faire ça, ronchonne-t-elle... Mes nerfs ne peuvent plus le supporter !

– Le printemps est là ! lâche la marmotte, au grand soulagement de tous les animaux.
Mais tandis qu’elle se met à chanter et à danser, Ronno, un jeune cerf arrogant, surgit de derrière un arbre et s’amuse à l’effrayer. Prise de panique, la marmotte replonge aussitôt dans son terrier !

Fier d’avoir fait fuir la marmotte, Ronno essaie maintenant d’impressionner Féline et ses amis.

– J’ai vu un homme, moi ! se vante-t-il. Il a voulu m’attirer en imitant le cri du cerf à l’aide d’un bout de bois, mais je ne me suis pas laissé prendre !

Mécontent du peu d'intérêt qu'il rencontre chez Féline et ses amis, Ronno provoque Bambi :
– Bambi... c'est pas un nom de fille, ça ?
Le faon est piqué au vif. Il se met aussitôt en position de combat.
– Allez, vas-y, bats-le à plate couture ! l'encourage Pan-Pan.

La lutte est à peine engagée que Ronno doit abandonner, car sa maman vient le chercher. Bambi le regarde courir vers elle, le cœur gros.

– Je te ramène chez toi ? lui demande Féline.

– Euh, non... Mon père doit venir me retrouver !

À force d'attendre, Bambi s'est endormi. Il rêve que sa mère lui apparaît sur la colline. Elle l'appelle. Le faon la rejoint et se blottit contre son flanc.

– Tu m'as manqué ! lui souffle-t-il.

– Je suis là ! le rassure-t-elle. Tout va bien ! Et même si tu ne me vois pas, je suis toujours avec toi !

Cette fois, Bambi ne rêve plus. C'est bien la voix de sa mère qu'il entend résonner dans la forêt.

– Bambi… C'est moi !

Le faon s'élance à travers les arbres.

– Attends, maman, j'arrive !

Mais à peine a-t-il débouché dans la clairière que des chiens féroces le prennent en chasse...

En entendant les aboiements, le Grand Prince comprend que son fils est tombé dans un piège.

– Cours Bambi ! lui crie-t-il en venant à son secours.

Mais le faon a si peur qu'il reste figé. À coups de cornes et de sabots, son père repousse enfin les chiens...

Les molosses ont fini par battre en retraite. Le Grand Prince ramène Bambi dans la forêt.
– La voix de ta mère, c'était une ruse pour t'attirer ! lui explique-t-il. Si je n'avais pas été là, tu aurais pu te faire dévorer ! La prochaine fois, cours quand je te dis de le faire ! Ne reste pas immobile ! Jamais !

Le lendemain matin, comme son père n’a pas voulu l’emmener, Bambi se morfond à l’entrée du gîte.

– Qu’est-ce qui ne va pas ? lui demande Pan-Pan.

– Mon père ne croit pas en moi, se lamente le faon. J’aimerais tant lui montrer que je suis courageux !

– Peuh, être courageux, c'est pas difficile ! fanfaronne Pan-Pan.
Et il saute sur un rocher pour en faire la démonstration.
– C'est simple : tu prends l'air le plus terrifiant possible, tu respires un bon coup, et puis tu pousses un grognement sauvage... comme ça : Grrrrrrrr !

Pour attirer l'attention de son père et lui prouver son courage, Bambi s'est battu avec un porc-épic. Hélas ! l'affaire a mal tourné. Trop hardi, le faon ne s'est pas méfié. Le porc-épic s'est roulé en boule pour se défendre, et c'est le postérieur hérissé de piquants que Bambi s'est sorti de l'aventure. Quand, de loin, il voit approcher son père, il plonge dans la rivière pour ne pas être repéré et pour éviter d'être mort de honte devant le Grand Prince.

Ronno a entendu Bambi crier. Il le surprend alors que Pan-Pan lui retire un à un les piquants de son postérieur.
– Alors, toujours aussi courageux à ce que je vois ! persifle le jeune cerf.
– Je ne suis pas un froussard ! explose Bambi.

Féline tente de calmer la querelle, mais Ronno s'entête.

Pan-Pan finit par s'énerver.

– Vas-y, Bambi, attaque-le !

Avec Fleur, ils le poussent contre le jeune cerf qui, sous le choc, tombe dans une flaque de boue.

Bambi et Pan-Pan ont déguerpi avant que Ronno ne se redresse. Furieux, le jeune cerf se lance à leur poursuite. Il leur coupe la route pour les envoyer vers un ravin. Bambi s'en aperçoit, mais trop tard. Il rassemble ses forces et, d'un bond, franchit l'obstacle.

Le Grand Prince, qui a tout vu, rattrape son fils.
Il commence par lui reprocher d'une voix ferme d'avoir désobéi en quittant la caverne, puis brusquement il se radoucit :
– Comment as-tu pu réussir un tel saut ? lui demande-t-il, admiratif.

Bambi, si fier que son père ait remarqué son exploit, s'entraîne à sauter de plus en plus loin. Pan-Pan mesure ses progrès en l'encourageant :
– C'est bien, Bambi, de mieux en mieux !
À l'écart, Maître Hibou s'entretient avec le Grand Prince :
– J'ai trouvé la biche qu'il vous faut !

Alors qu'ils marchent tous les deux dans la forêt, Bambi voit son père s'arrêter soudain et se concentrer.

– Que fais-tu ? demande-t-il.

– Je sens la forêt, lui explique le Grand Prince. Je l'observe et je l'écoute... S'il y a un danger, je le repère, et je peux intervenir !

Bambi essaie à son tour, mais il ne perçoit rien.

Au fil de la journée, une vraie complicité s'installe entre Bambi et son père. Le Grand Prince veille sur le faon, l'aidant lorsqu'il rencontre une difficulté. Il partage ses jeux, en même temps qu'il lui apprend tout ce qu'il doit savoir sur la forêt. Le soir venu, dans la caverne, il le prend contre lui pour le réchauffer...

Le lendemain matin, alors qu'il joue avec Bambi, le Grand Prince voit arriver Maître Hibou. Il est accompagné d'une biche.

– Voici Mena ! annonce Maître Hibou.

Le Grand Prince explique à Bambi qu'il doit aller vivre avec Mena à présent. Mais le faon se rebelle.
– Tu ne penses qu'à toi ! s'écrie-t-il avec colère. J'ai fait tout ce que tu m'as dit, et maintenant tu m'abandonnes !
Je te déteste !

Bambi doit aller vivre avec Mena. Le Grand Prince
l'a décidé ainsi.
Le faon dit adieu à ses amis :
– Vous allez me manquer !
– Allez, ne sois pas triste, le réconforte Pan-Pan, on se
reverra ! Et puis, après tout, tu es le plus courageux de tous !

Le Grand Prince a conduit Bambi jusqu'à la lisière de la forêt. Au moment de le quitter, le faon se presse contre lui.

– Je viendrai te voir bientôt, lui souffle son père pour l'encourager. Sois gentil avec Mena et surtout, rappelle-toi : tu es un prince !

Bambi prend la route avec Mena. Sur le chemin, il rencontre Ronno.

– Alors Princesse, tu ne me dis pas au revoir ?

Comme le faon ne bronche pas, Ronno ajoute :

– Remarque, je comprends ta peine : c'est dur de faire honte à son père !

Fou de rage, Bambi charge le jeune cerf. Mais tandis qu'ils se battent, Mena se prend la patte à un piège.

Mena ne peut se libérer. Au loin, on entend les aboiements des chiens qui se rapprochent.
– Bambi, ne reste pas là, cours ! s'écrie-t-elle.
Le faon a une idée pour la sauver. Il attire les chiens sur lui en bramant et, dès qu'ils l'ont repéré, il s'enfuit à vive allure. La meute furieuse le prend aussitôt en chasse.

Pan-Pan a vu les chiens lancés aux trousses de Bambi.
Il décide de contre-attaquer.
– Vas-y, fais-les fuir ! lance-t-il à Fleur.
La mouffette se met aussitôt en position et, à l'approche d'un des chiens, elle lui envoie un jet puant qui le fait déguerpir en glapissant.

Pourchassé par deux autres chiens, Bambi tente de leur échapper en se dissimulant dans de hautes herbes, puis se sentant à nouveau menacé, il se réfugie sur une colline. Tandis que l'orage gronde, le faon aperçoit un amas de pierres. À coups de sabots, il fait rouler les pierres le long de la pente, en plein sur ses poursuivants...

Bambi a réussi à repousser le dernier chien
en le précipitant au bas de la colline,
lorsqu'il aperçoit son père qui l'appelle.
Mais le sol, mouillé par l'eau de la pluie, s'écroule
sous ses sabots. Bambi bascule dans le vide...

Le découvrant inanimé plus bas, sur un rocher, le Grand Prince s'étend à ses côtés, les yeux pleins de larmes.

Après une longue nuit d'attente, Bambi revient à lui. Il est sauf !

– Papa ! appelle-t-il faiblement.

– Je suis là ! lui souffle son père.

Au petit matin, tandis que Pan-Pan raconte à tous comment Bambi a courageusement vaincu les chiens, le jeune faon les rejoint. Il est acclamé ! Soudain, le porc-épic s'approche de Bambi. L'air sournois, il lui pique les pattes arrière ! Bambi fait un bond et tombe sur Féline museau contre museau !

Fou de jalousie, Ronno se précipite sur Bambi. Mais en traversant la rivière, il marche sur une tortue. Furieuse d'avoir été dérangée, celle-ci le fait tomber dans l'eau et lui mord le nez. Fleur pousse un cri terrifié.
– Les tortues me font peur ! avoue la mouffette en tremblant.

Ronno a battu en retraite et file retrouver sa mère.
Bambi est bien content d'en être enfin débarrassé.
– Je dois y aller, annonce-t-il à ses amis.
Mon père m'attend !
– Garde un peu de ton temps pour nous !
lui dit Pan-Pan, tandis que son ami
s'éloigne.

Le Grand Prince a entraîné son fils dans une partie de la forêt qu'il n'avait encore jamais vue. Tout y est magique, la lumière extraordinaire, la végétation luxuriante.

– C'est magnifique ! s'extasie Bambi.

– Oui, c'est ici que j'ai rencontré ta mère, lui avoue le Grand Prince. J'avais ton âge... et j'étais un peu comme toi !

Comme Bambi est fier depuis quelque temps ! Ses bois ont commencé à pousser. On peut désormais les voir. Le faon les montre à son père.
– Bientôt, tu verras, lui dit-il, c'est moi qui serai comme toi !

Imprimé par PPO Graphic
N° d'éditeur : 56838 - Dépôt légal : janvier 2006 - ISBN : 2-7441.8849.2
Loi n° 49-956 du 16 juillet 1949 sur les publications destinées à la jeunesse.